BEI GRIN MACHT SICH IHR WISSEN BEZAHLT

- Wir veröffentlichen Ihre Hausarbeit, Bachelor- und Masterarbeit

- Ihr eigenes eBook und Buch - weltweit in allen wichtigen Shops

- Verdienen Sie an jedem Verkauf

Jetzt bei www.GRIN.com hochladen und kostenlos publizieren

Grundlagen der Nebenläufigkeit in Java

Fabian Schnabel

Bibliografische Information der Deutschen Nationalbibliothek:

Die Deutsche Nationalbibliothek verzeichnet diese Publikation in der Deutschen Nationalbibliografie; detaillierte bibliografische Daten sind im Internet über http://dnb.d-nb.de abrufbar.

ISBN: 9783389011249
Dieses Buch ist auch als E-Book erhältlich.

Druck und Bindung: Books on Demand GmbH, Norderstedt Germany
Gedruckt auf säurefreiem Papier aus verantwortungsvollen Quellen

Das vorliegende Werk wurde sorgfältig erarbeitet. Dennoch übernehmen Autoren und Verlag für die Richtigkeit von Angaben, Hinweisen, Links und Ratschlägen sowie eventuelle Druckfehler keine Haftung.

Das Buch bei GRIN: https://www.grin.com/document/1462252

Schnabel, Fabian

Assignment

Nebenläufigkeit in Java

Studiengang:	Wirtschaftsinformatik - Bachelor of Science (B. Sc.)
Modul:	Programmieren in Java 2 (JAV42)
Datum:	02.12.2023

Inhaltsverzeichnis Seite

Abbildungsverzeichnis II

1 Einleitung 1

  1.1 Begründung der Problemstellung 1

  1.2 Zielsetzung 1

  1.3 Aufbau der Arbeit 2

2 Theoretische Grundlagen und Begriffsdefinitionen 2

  2.1 Objektorientierte Programmierung 2

  2.2 Programmiersprache Java 3

  2.3 Nebenläufigkeit 3

  2.4 Prozess 4

  2.5 Thread 5

  2.6 Threads in Java 6

3 Umsetzung einer Datenbankanwendung unter Verwendung von Threads in Java 8

  3.1 Architektur der Systemumgebung 8

  3.2 Paralleles Ausführen von Aufgaben mithilfe eines Thread-Pools 10

    3.2.1 Implementierung 10

    3.2.2 Vor- und Nachteile 12

  3.3 Connection Pool zum parallelen Datenbankzugriff 13

    3.3.1 Implementierung 13

    3.3.2 Vor- und Nachteile 15

  3.4 Verbesserungsmöglichkeiten hinsichtlich der Umsetzung 15

4 Schluss 16

  4.1 Zusammenfassung 16

  4.2 Kritische Würdigung 17

Literaturverzeichnis III

I

Abbildungsverzeichnis

Abbildung 1: Prozesszustände 4

Abbildung 2: Implementierungsmöglichkeiten von Threads in Java............................6

Abbildung 3: Threadklasse in Java 7

Abbildung 4: Interface *Runnable* zur Implementierung von Threads...........................7

Abbildung 5: Aufbau der Datenbankanwendung..9

Abbildung 6: UML-Klassendiagramme der Klassen Benutzer und InsertBenutzer....10

Abbildung 7: Überschriebene Methode *run()* in der Klasse "InsertBenutzer"...........11

Abbildung 8: Ausführen einer Aufgabe unter Verwendung des Thread-Pools............12

Abbildung 9: UML-Klassendiagramme der Klasse ConnectionPool 13

Abbildung 10: Konstruktor und Initialisierungsmethode der Klasse „ConnectionPool" 14

Abbildung 11: Initialisierung eines ConnectionPool-Objekts in der *main()*................15

1 Einleitung

1.1 Begründung der Problemstellung

In der heutigen Zeit ist die Softwareentwicklung in nahezu allen Lebensbereichen die treibende Kraft in Hinsicht auf Innovation und technologischen Fortschritt. Gerade in den Bereichen der Industrie, Forschung und Lehre ist dessen Relevanz unbestreitbar. Hinsichtlich der zahlreich präsenten Entwicklungsplattformen sind die Möglichkeiten zur softwaretechnischen Lösungsfindung moderner Problemstellungen nahezu unbegrenzt. Jedoch muss aufgrund der Diversität der Anwendungsfelder und dessen heterogenen Anforderungen bei der Wahl der Programmiersprache in Hinsicht auf das bestmöglichste Ergebnis die richtige Entscheidung getroffen werden. Java stellt diesbezüglich durch seine Vielzahl an Softwarebibliotheken, Teilprojekten und etablierten Vorgehensweisen eine große Auswahl an Werkzeugen zur softwaretechnischen Problemlösung bereit. Die gegenwärtige Bedeutung von Java zeigt sich vor allem in dessen Nutzungshäufigkeit. So gaben 48% der Entwickler weltweit an in den letzten zwölf Monaten Java verwendet zu haben, was sie zur fünf meistgenutzten Entwicklungsplattform macht.[1] [2]

Zur Weiterentwicklung von Java Anwendungen müssen neben den offensichtlichen Funktionalitäten vor allem spezifischere Softwarebestandteile betrachtet werden. Hierzu zählt insbesondere die Nebenläufigkeit, welche die simultane Ausführung mehrerer Anweisungen innerhalb eines Programms ermöglicht. Das daraus resultierende Optimierungspotential von Software hinsichtlich Leistungsfähigkeit und Effizienz muss jedoch zur Bewertung des Gesamtnutzens den Nachteilen gegenübergestellt werden.[3]

1.2 Zielsetzung

Das Ziel der vorliegenden Arbeit besteht darin die Grundlagen der Nebenläufigkeit in Java zu erläutern und dessen Relevanz in der Bewältigung komplexer softwaretechnischer Problemstellungen aufzuzeigen. Daraus abgeleitete Modalziele sind folglich die Definition und Abgrenzung von Threads zu einem Prozess und dessen Einsatz in Java, sowie die Gegenüberstellung der Vor- und Nachteile von Nebenläufigkeit im Rahmen von zwei praktischen Anwendungsfällen.

---

[1] vgl. Wagenpfeil (2023), S. 1 - 3
[2] Statista (2023), Onlinequelle
[3] vgl. Broy (2023), S. 4

1.3 Aufbau der Arbeit

Zu Beginn der Arbeit werden die theoretischen Grundlagen bezüglich der objektorientierten Programmierung und der Programmiersprache Java geklärt. Des Weiteren werden die Begriffe Prozess und Thread, sowie deren Unterschiede, erläutert. Der Grundlagenteil schließt mit der Ausführung von Threads in Java und der Definition der Nebenläufigkeit ab. Im Anschluss daran erfolgt die praktische Umsetzung der Datenbankanwendung unter Verwendung von Threads. Zuerst wird die verwendete Datenbankumgebung und dessen Aufbau beschrieben. Daraufhin folgt die Ausführung von zwei praktischen Anwendungsfällen zur Realisierung der Nebenläufigkeit. Hierfür werden für jeden Fall die Vorgehensweise zur Implementierung und Gegenüberstellung der daraus entstehenden Vor- und Nachteile dargestellt. Dabei wird zudem auf Verbesserungsmöglichkeiten der Implementierung eingegangen. Am Schluss folgt eine Dokumentation der wichtigsten Ergebnisse der Arbeit mit einer darauffolgenden kritischen Würdigung.

2 Theoretische Grundlagen und Begriffsdefinitionen

2.1 Objektorientierte Programmierung

In der Programmierung stellt der objektorientierte Entwicklungsansatz ein umfassendes Konzept zur realitätsnahen Umsetzung von Softwaresystemen dar. Im Mittelpunkt stehen dabei Objekte aus der Realität, die bestimmte Eigenschaften besitzen und ein spezifisches Verhalten haben. Daten, beziehungsweise Attribute, beschreiben dabei die Eigenschaften des Objekts, während die verfügbaren Operationen, die Methoden genannt werden und zum Austausch von Nachrichten dienen, das Verhalten widerspiegeln. Objekte mit gleichartigen Daten und Operationen werden in Klassen zusammengefasst. Dabei ist hinsichtlich des objektorientierten Entwicklungsprozesses besonders die UML-Notation als anerkannte Modellierungsmethode hervorzuheben. Diese findet sich insbesondere in der Konzeptionsphase wieder und legt dort durch die abstrahierte Darstellung der Realität einen fundamentalen Baustein in der Entwicklung.[4]

Weitere grundlegende Prinzipien der objektorientierten Programmierung sind das Geheimnisprinzip, die Vererbung und der Polymorphismus, wobei ersteres die Sichtbarkeit und folglich den Zugriff auf die Attribute und Methoden eines Objekts durch Kapselung und Zugriffsfunktionen reguliert, Vererbung die Weitergabe aller Attribute und Methoden einer Vater-Klasse an eine oder

---

[4] vgl. Gehring/Gabriel (2022), S. 608 - 613

mehrere Sohn-Klassen ermöglicht, und der Polymorphismus die differenzierte Verhaltensweise eines Objekt bei gleichnamigem Methodenaufruf durch die Verwendung unterschiedlicher Parameter, beschreibt.[5]

2.2 Programmiersprache Java

Java hat sich seit seiner Einführung Ende der 1990er zu einer der beliebtesten Programmiersprachen weltweit entwickelt. Diese Beliebtheit ist vor allem auf die bedeutenden Eigenschaften von Java, welche von Einfachheit und Robustheit geprägt sind, zurückzuführen. Zu den wichtigsten Merkmalen zählt primär die Einordnung der Sprache in die Objektorientierung. Folglich werden nahezu alle Besonderheiten dieses Entwicklungsansatzes (siehe Kapitel 2.1) unterstützt. Des Weiteren ermöglicht Java durch plattformunabhängige Programme die für moderne Programme notwendige Flexibilität. Insbesondere in Kombination mit der Eignung der Sprache für Internetanwendungen, wie beispielsweise Server-Anwendungen, ist Java zu einem Standard für die Entwicklung von Unternehmenssoftware geworden. Neben den eben genannten Aspekten bietet Java zudem umfassende Klassenbibliotheken zur Integration von bereits bestehenden Programmteilen an. Weitere wesentliche Funktionalitäten sind eine Laufzeitumgebung, die ein Speichermanagement und eine strukturierte Behandlung von Laufzeitfehlern beinhaltet, Netzwerkfunktionalitäten und das Multihreading, welches den gleichzeitigen Ablauf von autonomen Programmteilen unter der Regulierung eines geordneten Datenzugriffs erlaubt. Letzteres ist in Anbetracht dieser Arbeit von hoher Relevanz.[6] [7]

2.3 Nebenläufigkeit

Die Fähigkeit eines Programms mehrere Aufgaben simultan ausführen zu können wird als Nebenläufigkeit bezeichnet. Dabei muss hinsichtlich der Ausführungsumgebung zwischen Einprozessor- und Mehrprozessorsystemen unterschieden werden, da sich diese wesentlich in ihrer Arbeitsweise unterscheiden. Während Computersysteme mit mehreren Prozessoreinheiten in der Lage sind Programmanweisungen tatsächlich parallel auszuführen muss in Einprozessorsystemen aufgrund der begrenzten CPU-Ressourcen eine zeitliche Eingrenzung der Prozessorzuordnung, und somit Be-

---

[5] vgl. Ernst/Schmidt/Beneken (2020), S. 415 - 418, 433 - 437
[6] vgl. Abts (2020), S. 1 - 4
[7] vgl. Müller/Weichert (2023), S. 37 – 38

arbeitungzeit, stattfinden. Durch den schnellen Wechsel der CPU-Zuordnung wird in Einprozessorsystemen echte Parallelität simuliert, was Dialoganwendungen optimiert und die Bearbeitung von Hintergrundaktivitäten erlaubt. Vor allem in Client/Server-Anwendungen kann folglich eine effiziente Abarbeitung von Anfragen mehrerer Clients erfolgen. Zur Vermeidung von kritischen Fehlern wie Deadlocks, die beim zeitgleichen Zugriff auf dieselbe Variable oder beim Durchlauf von kritischen Programmteilen entstehen können, muss eine Synchronisation der nebenläufigen Programmteile durch den Einsatz von spezifischen Sperrmechanismen erfolgen.[8] [9]

2.4 Prozess

Innerhalb eines Rechnersystems ist jeder Prozess eine laufende Instanz eines Programms. Gegensätzlich zu einem Programm, welches statische Anweisungen beinhaltet, stellt ein Prozess eine dynamische Einheit mit sequentiellem Charakter dar. Die Notwendigkeit für Prozesse entstand durch den Mehrprogramm-, beziehungsweise Mehrbenutzerbetrieb, welcher eine parallele Abarbeitung mehrerer Programme erfordert. Neben dem ausführbaren Programmcode enthält jeder Prozess außerdem seine Zustandsinformationen und seinen Prozess-Kontext. Der allgemeine Zustand eines Prozesses kann dabei entweder „aktiv", „bereit" oder „blockiert" sein (siehe Abbildung 1). Während ein aktiver Prozess in den Hauptspeicher geladen und von der CPU bearbeitet wird befinden sich Prozesse im Zustand „bereit" und „blockiert" in mehreren Warteschlangen, die anhand einer festgelegten Strategie vom Scheduler des Betriebssystems gefüllt werden. Der Scheduler synchronisiert die Prozesse und definiert folglich eine bestimmte Abarbeitungsreihenfolge.[10]

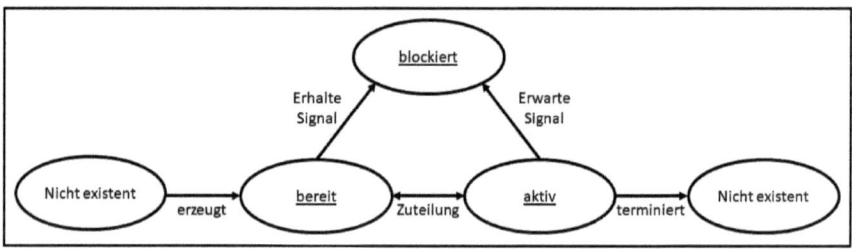

Abbildung 1: Prozesszustände[11]

---

[8] vgl. Keller (2019), S. 85 ff.
[9] vgl. Abts (2020), S. 335 f., 344 f., 350
[10] vgl. Brause (2017), S. 28 – 30, 67
[11] ähnlich: Brause (2017), S. 30

Damit ein effizienter Wechsel zwischen den Prozessen vom Betriebssystem vorgenommen werden kann speichert dieses im jeweiligen Hardware-, System- und Benutzerkontext umfassende Informationen, wie beispielsweise spezifische Daten zum genutzten Adressraum. Dabei soll ein unterbrochener Prozess zu jeder Zeit zu einem späteren Zeitpunkt ohne Unterbrechung und Datenverlust wieder aufgenommen werden können.[12]

2.5 Thread

Als Thread wird ein leichtgewichtiger Prozess bezeichnet, welcher innerhalb eines schwergewichtigen standardmäßigen Betriebssystem-Prozesses (siehe Kapitel 2.4) läuft und zusammen mit anderen Threads die parallele Steuerung einzelner Programmstränge ermöglicht. Jeder Prozess hat mindestens einen Thread, wobei die Anzahl der Threads pro Prozess je nach Notwendigkeit erhöht werden kann. Dabei teilen sich alle Threads eines Prozesses zusammen mit dem zugehörigen Prozess denselben Speicherbereich im Hauptspeicher.[13] [14] [15]

Damit Threads innerhalb eines Prozesses unabhängig voneinander operieren können benötigt jeder Thread einen Befehlszeiger, einen Satz von Prozessorregistern und einen eigenen Stack zur Speicherung von lokalen Variablen, Übergabeparametern und des Befehlszeigers zum Rücksprung bei Funktionsaufrufen. Die Synchronisation der Threads beim zeitgleichen Zugriff auf dieselbe Variable ist dabei essentiell um das Risiko für Fehler der seriellen Programmierung zu minimieren. Java bietet hierfür zum Beispiel die *synchronized*-Methode an. Dadurch sollen vor allem *Deadlocks*, die das gegenseitige Blockieren von Threads beim Ressourcenzugriff darstellen, und *Race Conditions*, die entstehen, wenn zwei Threads, wobei mindestens einer schreibend operiert, auf dieselbe Speicheradresse zugreifen wollen, vermieden werden.[16] [17] [18]

Die grundsätzliche Unterscheidung von einem Thread zu einem Prozess besteht darin, dass ein Prozess in Hinsicht auf ein laufendes Programm eine eigene unabhängige Einheit im Betriebssystem mit sämtlichen Informationen zur Ressourcenzuweisung darstellt, während ein Thread eine eigenständige Einheit innerhalb dieses Prozesses verkörpert und sich zusammen mit dem Prozess

---

[12] vgl. Baun (2022), S. 161 - 163
[13] vgl. Goll/Heinisch (2016), S. 675 f.
[14] vgl. Küppers (2022), S. 127
[15] vgl. Wagenknecht (2016), S. 198
[16] vgl. Goll/Heinisch (2016), S. 676
[17] vgl. Küppers (2022), S. 129, 131
[18] vgl. Abts (2020), S. 350

die zugeordneten Ressourcen, wie zum Beispiel den Adressraum oder globale Variablen, teilt. Demzufolge ist ein Thread vom zugehörigen Prozess und den darin enthaltenen Threads abhängig. Der Ressourcenaufwand zur Erzeugung von Threads durch das Betriebssystem ist im Vergleich zu Prozessen jedoch deutlich geringer.[19] [20]

2.6 Threads in Java

Im Wesentlichen existieren zwei unterschiedlichen Arten der Implementierung von Threads in Java. Die erste Möglichkeit besteht darin eine eigene Threadklasse zu konstruieren, welche die Basisklasse „java.lang.Thread" erweitert und folglich alle Methoden und Attribute daraus erbt. Alternativ zu dieser Umsetzungsmöglichkeit kann außerdem die Implementierung des Interfaces *Runnable* umgesetzt werden. Letzteres erfordert keine Ableitung einer Basisklasse dar, wodurch zukünftige Vererbungen weiterhin möglich sind.[21] [22]

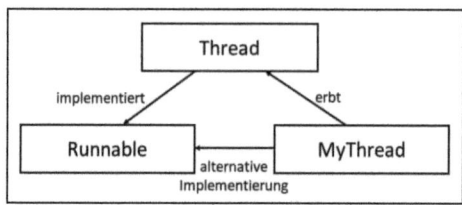

Abbildung 2: Implementierungsmöglichkeiten von Threads in Java[23]

Bei Verwendung der ersten Methode muss zuerst die eigene Threadklasse angelegt und von der Basisklasse abgeleitet werden. Dabei wird die Methode *run()*, welche den auszuführenden Code beinhaltet, überschrieben. Innerhalb der lauffähigen Methode *main()* kann anschließend ein Objekt der abgeleiteten Threadklasse instanziiert werden. Die Methode *start()* startet den Thread und somit die Ausführung des Codes. Sobald das Ende von *run()* erreicht wird stoppt der Thread automatisch. Eine Unterbrechung kann durch die Methode *interrupt()* erreicht werden, wobei diese lediglich ein Unterbrechungssignal an den Thread sendet und dieser selbst für den Abbruch der Arbeit sorgen muss. Eine Pausierung der Thread Aktivität für einen bestimmten Zeitraum kann durch *sleep()* erfolgen. Die nachfolgende Abbildung zeigt diesen Ablauf (siehe Abbildung 3).[24]

---

[19] vgl. Wagenknecht (2016), S. 196 f.
[20] vgl. Bengel/Baun/Kunze/Stucky (2015), S. 140, 142 f.
[21] vgl. Steyer (2022), S. 312
[22] vgl. Mandl (2020), S. 87
[23] ähnlich: Mandl (2020), S. 85
[24] vgl. Steyer (2022), S. 312 f.

```
import java.lang.Thread;

public class MyThread extends Thread {  // Abgeleitete Thread-Klasse
    public void run()
    {
    // Code, welcher im Thread ausgeführt wird
    }
}

public class Main {
    public static void main(String[] args) {
    // Erstellen eines Thread-Objekts
    MyThread t1 = new MyThread();

    // Starten des Thread-Objekts
    t1.start();

    // Stoppen der Ausführung des Threads für 500 Millisekunden
    t1.sleep(500);
    }
}
```

Abbildung 3: Threadklasse in Java[25]

Die zweite Möglichkeit zur Implementierung von Threads erfolgt durch die Umsetzung des Interfaces *Runnable*. Hierbei wird gleich der ersten Variante die Methode *run()* überschrieben. Im Wesentlichen unterscheiden sich die beiden Vorgehensweisen bei der Erzeugung eines Threads. Während innerhalb der Vorgehensweise ein Objekt der eigenen, abgeleiteten Klasse instanziiert und direkt in der *main()*-Methode verwendet wird erfolgt die Erzeugung eines Threads hinsichtlich eines *Runnables* durch die Übergabe eines Runnable-Objekts an den vorgegebenen Konstruktor *Thread(Runnable Target)*. Infolge der fehlenden Mehrfachvererbung in Java und der ausstehenden Vererbung in Variante zwei ermöglicht letztere mehr Flexibilität für zukünftige Anforderungen.[26]

```
public class MyRunnable implements Runnable {
    public void run() {
        // Code, welcher im Thread ausgeführt wird
    }
}

public class Main {
    public static void main(String[] args) {
    // Erstellen eines Threads mithilfe eines Objekts vom Typ Runnable
    myRunnable r = new myRunnable();
    Thread t1 = new Thread(r);

    // Starten des Thread-Objekts
    t1.start();
    }
}
```

Abbildung 4: Interface *Runnable* zur Implementierung von Threads[27]

---

[25] ähnlich: Mandl (2020), S. 85
[26] vgl. Mandl (2020), S. 83 - 88
[27] ähnlich: Mandl (2020), S. 86 f.

3 Umsetzung einer Datenbankanwendung unter Verwendung von Threads in Java

3.1 Architektur der Systemumgebung

Die in dieser Arbeit gewählte Systemumgebung zur Darstellung der Nebenläufigkeit in Java ist eine Datenbankanwendung. Die Auswahl wird vor allem durch das Optimierungspotential, welches sich aus der Vereinbarkeit der Entwicklung von Parallelität in Anwendungs- und Datenbankebene zur Steigerung der Performance ergibt, gestützt. In Hinsicht auf die Aufgabenstellung wurden lediglich Programmteile, die für die Ausarbeitung des Themas und somit Erreichung der Zielsetzung von Relevanz sind, umgesetzt. Demnach wurde unter anderem auf die Entwicklung einer grafischen Benutzeroberfläche verzichtet.[28]

Der Aufbau der Datenbankanwendung orientiert an den wesentlichen Besonderheiten der Client-Server-Architektur (siehe Abbildung 5). Da jedoch innerhalb dieser Arbeit Abweichung zum klassischen Aufbau existieren muss eine differenzierte Betrachtung zu üblichen Client-Server-Architekturen erfolgen. Zuerst ist zu erwähnen, dass alle Elemente, die innerhalb der Architektur verwendet werden, auf einem einzigen physischen Client-System operieren. Dabei ist das Gesamtsystem in zwei grundlegende Bestandteile aufgeteilt. Der erste Teil wird durch die Clientebene, welche die Java Anwendung und dessen Zusatzsoftware beinhaltet, widergespiegelt, während die Serverebene mit der Datenbank den zweiten Teil repräsentiert. Ersteres setzt sich im Detail aus der Java Anwendung mit dem ausführbaren Programmcode, dem JDBC-Treiber-Manager und dem dazugehörigen JDBC-Treiber zusammen. Angesichts dieser Notwendigkeiten wurde sich im Rahmen der Entwicklung der Clientebene für die Entwicklungsumgebung Apache NetBeans IDE entschieden. NetBeans ermöglicht die Integration aller soeben genannten Softwarekomponenten in einer lokalen Softwareinstallation. Neben Funktionalitäten zur Unterstützung des Entwicklers bei der Erstellung von Programmcode durch Hilfsmechanismen und eine effiziente Einbindung essentieller Klassenbibliotheken wird durch die IDE zusätzlich die Integration des für den Datenbankzugriff notwendigen JDBC-Treibers ermöglicht. Hierfür greift die Java Anwendung über die JDBC-API auf den JDBC-Treiber-Manager zu, welcher wiederrum über die JDBC-Treiber-API den erforderlichen Treiber aufruft.[29] [30]

---

[28] vgl. Goll/Heinisch (2016), S. V
[29] o.V. (o.J.), Onlinequelle
[30] vgl. Müller-Hofmann/Hiller/Wanner (2015), S. 220 f.

8

Auf der Serverebene wurde sich für eine MySQL-Datenbank mit einem eigens entwickelten Aufgabenmanagement entschieden. Diese wird auf dem physischen Client lokal installiert und als Datenbankserver bereitgestellt. Innerhalb der MySQL-Datenbank werden die Daten in sogenannten Relationen, beziehungsweise Tabellen, gespeichert, welche die Daten logisch miteinander verknüpfen. Dabei werden Entitäten mit den gleichen Attributen in denselben Tabellen angelegt und durch das Datenbankmanagementsystem, kurz DBMS, effizient gespeichert und verwaltet. Weiterhin wird durch das DBMS unter anderem die Sicherstellung der Integrität der Daten, das Verhindern von redundanten Daten und die Steuerung von Mehrfachzugriffen unter Berücksichtigung einer hohen Performance geregelt, wobei letzteres hinsichtlich der Darstellung von Nebenläufigkeit in der Java Anwendung von großer Bedeutung ist.[31] [32]

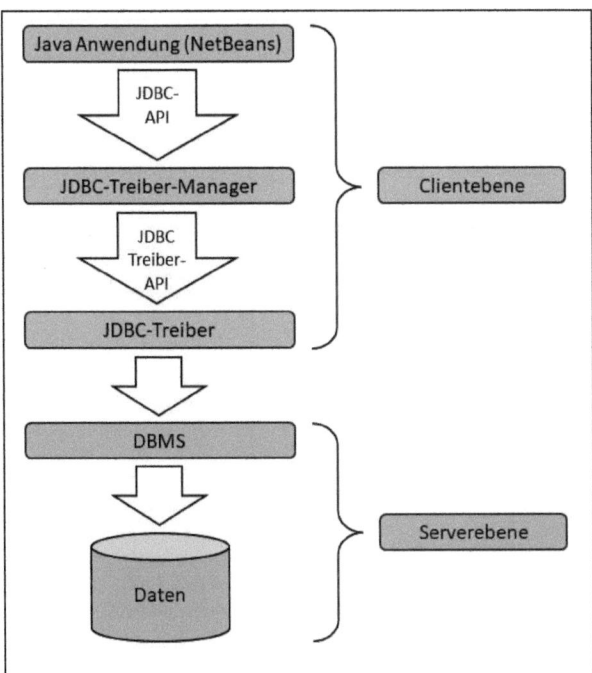

Abbildung 5: Aufbau der Datenbankanwendung[33]

---

[31] vgl. Schicker (2017), S. 1 ff.
[32] vgl. Kaufmann/Meier (2023), S. 4 ff.
[33] ähnlich: Müller-Hofmann/Hiller/Wanner (2015), S. 221

3.2 Paralleles Ausführen von Aufgaben mithilfe eines Thread-Pools

3.2.1 Implementierung

Zur Erfüllung der Anforderung Anweisungen im Rahmen der Java Anwendung parallel ausführen zu können bedarf es der Erstellung eines Tread-Pools in Kombination mit der Einbindung der Klassen zur Bearbeitung der Aufgaben. In dieser Arbeit wurde sich aus den beiden bestehenden Methoden für die Implementierung des Interfaces *Runnable* entschieden. Demzufolge muss dessen Einbindung in der Klassenerstellung festgelegt und die Methode *run()*, welche den auszuführenden Code beinhaltet, überschrieben werden. Im Rahmen der Aufgabenklassen wird zudem ein Objekt der zugehörigen Basisklasse als Attribut einbezogen, welches in der *main()* beim Anlegen der Aufgabe übergeben wird. Beispielhaft kann hierfür die Aufgabenklasse „InsertBenutzer" zum Anlegen eines neuen Benutzers und die dazugehörige Basisklasse „Benutzer" angeführt werden. Dabei ist zusätzlich zu erwähnen, dass jedes Objekt einer Basisklasse als Attribut ein Objekt der Klasse „ConnectionPool" beinhaltet, was noch präziser in Kapitel 3.3 erläutert wird. Es ergeben sich die nachfolgenden beiden UML-Klassendiagramme (siehe Abbildung 6).

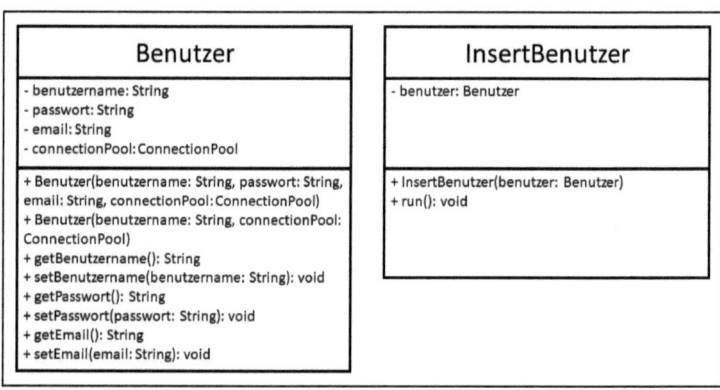

Abbildung 6: UML-Klassendiagramme der Klassen Benutzer und InsertBenutzer[34]

Soll demnach ein neuer Benutzer in der Datenbank angelegt werden macht die Klasse „InsertBenutzer" von der Klasse „Benutzer" gebrauch, indem sie ein Objekt von letzterem in die Methode *run()* einbindet. Dabei wird zu Beginn der Methode eine Verbindung zur Datenbank hergestellt und mithilfe der Attributwerte des Objekts vom Typ „Benutzer" eine SQL-Query mit dessen

---

[34] Eigendarstellung

Werten gefüllt. Somit ergibt sich für die Methode *run()* der Aufgabenklasse zur Erstellung eines Benutzers der folgende Programmcode (siehe Abbildung 7).

```java
@Override
public void run() {
    Connection databaseConnection = null;
    try {
        databaseConnection = connectionPool_1.getConnection();
        String insertQuery = "INSERT INTO Benutzer (benutzername, passwort, email) VALUES (?, ?, ?)";
        try (PreparedStatement preparedStatement = databaseConnection.prepareStatement(sql:insertQuery)) {
            preparedStatement.setString(parameterIndex: 1, x: benutzer.getBenutzername());
            preparedStatement.setString(parameterIndex: 2, x: benutzer.getPasswort());
            preparedStatement.setString(parameterIndex: 3, x: benutzer.getEmail());
            preparedStatement.executeUpdate();
            System.out.println(x: "Benutzer erfolgreich angelegt.");
        }
    } catch (InterruptedException | SQLException e) {
        e.printStackTrace();
    } finally {
        if (databaseConnection != null) {
            connectionPool_1.releaseConnection(databaseConnection);
        }
    }
}
```

Abbildung 7: Überschriebene Methode *run()* in der Klasse "InsertBenutzer"[35]

Damit mehrere Aufgaben parallel zur Laufzeit ausgeführt werden können muss in der *main()* die Einbindung des Thread-Pools erfolgen. Hierfür wird zu Beginn des ausführbaren Programmcodes ein Import der Klassen und *Executors* und *ExecutorService* anhand der Codezeilen „import java.util.concurrent.Executors" und „import java.util.concurrent.ExecutorService" durchgeführt. Dieser Import ermöglicht die Erzeugung eines sogenannten *FixedThreadPools*, welcher eine feste Anzahl an Threads, die den Aufgaben bei Bedarf zugewiesen werden können, zur Verfügung stellt. Dabei verwaltet der Thread-Pool die Erzeugung und Beendigung der Threads und sorgt für eine effiziente Ressourcenzuweisung und Synchronisation. Folglich wird eine sichere Methode zum zeitgleichen Ausführen von Aufgaben bereitgestellt. Bezogen auf das vorher definierte Beispiel sieht die Gestaltung des Programmcodes in der *main()* wie folgt aus (siehe Abbildung 8).[36] [37]

---

[35] Screenshot: Apache NetBeans IDE
[36] vgl. Küppers (2022), S. 138 ff.
[37] vgl. Abts (2022), S. 66 ff.

```
public static void main(String[] args) throws ParseException {

//Erstellung eines ThreadPools zur Verwaltung der Threads
ExecutorService threadPool = Executors.newFixedThreadPool(nThreads: 5);

//Benutzer, der angelegt werden soll
Benutzer benutzer5 = new Benutzer(benutzername: "Benutzer5", passwort: "Passwort5",
                                  email:"benutzer5@mail.com", connectionPool:connectionPool_1);

//Starten des Threads für das Anlegen eines Benutzers
InsertBenutzer insertBenutzer5 = new InsertBenutzer(benutzer: benutzer5);
threadPool.execute(command: insertBenutzer5);
```

Abbildung 8: Ausführen einer Aufgabe unter Verwendung des Thread-Pools[38]

3.2.2 Vor- und Nachteile

Aus der Verwendung von Thread-Pools in Java ergeben sich diverse Vor- und Nachteile. Zu einem der Vorteile zählt das verbesserte Ressourcenmanagement. Durch die Steuerung und Begrenzung der zeitgleich aktiven Threads werden die zur Verfügung stehenden Ressourcen, wie beispielsweise der Prozessor, effektiver genutzt und eine Überlastung des Systems vermieden. Das liegt vor allem daran, dass nicht mehr benötigte Ressourcen zeitnah freigegeben und weiteren Threads zugeordnet werden können. Weiterhin sorgt ein Thread-Pool durch Mechanismen zur Isolation von fehlerhaften Threads für die Risikominimierung eines Schadens am Anwenderprogramm. Werden alle soeben aufgezählten Aspekte betrachtete kann insgesamt mit einer deutlich erhöhten Leistungsfähigkeit und gesenkten Fehleranfälligkeit des Systems gerechnet werden. Hinsichtlich der Implementierung von Thread-Pools müssen jedoch auch potentielle Nachteile betrachtet werden. Diesbezüglich ist zuerst die Erhöhung der Komplexität anzuführen. Die Verwendung eines Thread-Pools führt zu einer deutlichen Steigerung des Arbeitsumfangs, wobei zudem die notwendigen Kompetenzen zum Umgang vorhanden sein müssen. Weiterhin kann es trotz der Verwendung eines Thread-Pools zu spezifischen Problemstellungen wie Deadlocks oder Race Conditions kommen, die jedoch gesondert betrachtet und behandelt werden müssen. Zusammen mit einer adäquaten Handhabung der Systemressourcen, welche unter anderem kurze Wartezeiten der Threads in der Warteschlange und eine angemessene Skalierung der dem Thread zugewiesenen Ressourcen erfordert, ist die sorgfältige Konfiguration des Thread-Pool besonders hervorzuheben.

---

[38] Screenshot: Apache NetBeans IDE

3.3 Connection Pool zum parallelen Datenbankzugriff

3.3.1 Implementierung

Damit aus mehreren unterschiedlichen Quellen kontrolliert auf die Datenbank zugegriffen werden kann wird ein Connection Pool implementiert. Dieser ermöglicht die Begrenzung der maximal zulässigen Verbindungen und stellt Methoden zum Auf- und Abbau der Verbindungen bereit, sodass bei Mehrfachzugriffen eine hohe Performance gewährleistet werden kann. Hierfür werden alle zum Verbindungsaufbau notwendigen Daten, sowie die maximale Anzahl an Verbindungen und eine *BlockingQueue*, zur Verwaltung von Verbindungsobjekten als Attribute der Klasse gespeichert. Alle benötigten Java Klassen, wie zum Beispiel „java.sql.DriverManager", werden über die Apache NetBeans IDE importiert. Über die verfügbaren Methoden erfolgt die Initialisierung des Connection Pools, wodurch Threads eine Möglichkeit zum Herstellen einer Datenbankverbindung zur Verfügung gestellt wird (siehe Abbildung 9).

ConnectionPool
- db_url: String - user: String - password: String - max_connections: int - connectionQueue: BlockingQueue
+ ConnectionPool() - initializeConnectionPool(): void + getConnection(): Connection + releaseConnection(Connection): void

Abbildung 9: UML-Klassendiagramme der Klasse ConnectionPool[39]

Wie bereits in der Architekturbeschreibung der Anwendung ausgeführt muss für den Datenbankzugriff der entsprechende JDBC-Treiber auf dem System vorhanden sein. Da die Integration des Treibers bereits über das Tool Apache NetBeans IDE stattgefunden hat muss daraufhin eine entsprechende Selektion über den JDBC-Treiber-Manager erfolgen. Hierfür wird der Konstruktor *ConnectionPool()* so modifiziert, dass bei der Initialisierung eines ConnectionPool-Objekts gleichzeitig die Methode *initializeConnectionPool()* mit aufgerufen wird. Diese beinhaltet wieder-

---

[39] Eigendarstellung

rum Anweisungen zur Herstellung einer Datenbankverbindung, wobei die Verwendung der An-weisung „Connection databaseConnection = DriverManager.getConnection(db_url, user, pass-word)" die Selektierung des erforderlichen Treibers durch den JDBC-Treiber-Manager bewirkt und· zusammen mit den übergebenen Verbindungsdaten, wie der Datenbankadresse und den An-meldedaten, ein Objekt vom Typ Connection erzeugt (siehe Abbildung 10).[40][41]

```
public ConnectionPool() {
    connectionQueue = new ArrayBlockingQueue<>(i: max_connections);
    initializeConnectionPool();
}

private void initializeConnectionPool() {
    for (int i = 0; i < max_connections; i++) {
        try {
            Connection databaseConnection = DriverManager.getConnection(url: db_url, user, password);
            connectionQueue.put(e: databaseConnection);
        } catch (SQLException | InterruptedException e) {
            e.printStackTrace();
        }
    }
}
```

Abbildung 10: Konstruktor und Initialisierungsmethode der Klasse „ConnectionPool" [42]

Die Verwendung des Connection Pools zur Laufzeit erfordert die Initialisierung eines Connec-tionPool-Objekts am Anfang der Hauptklasse, in welcher die lauffähige *main()* Methode integriert ist (siehe Abbildung 11). Weiterhin muss dieses erzeugte Objekt in den Aufgabenklasse, die in ihrer überschriebenen *run()*-Methode Gebrauch von der Datenbankverbindung machen, bereitge-stellt werden (siehe Abbildung 7). Dies wird durch einen Import des statisch gesetzten Connec-tionPool-Objekts ermöglicht, indem jeweils zu Beginn der Aufgabenklassen die Anweisung „im-port static nebenläufigkeit.Nebenläufigkeit.connectionPool_1" ausgeführt wird. Wird ein auf die Datenbank zugreifender Thread gestartet holt sich dieser aus dem „connectionPool_1" mit der Anweisung „databaseConnection = connectionPool_1.getConnection()" eine Datenbankverbin-dung, welche solange bestehen bleibt bis diese mit der Methode *releaseConnection(database-Connection)* wieder aufgelöst wird.

---

[40] vgl. Müller-Hofmann/Hiller/Wanner (2015), S. 216 ff.
[41] vgl. Kleuker (2016), S. 259
[42] Screenshot: Apache NetBeans IDE

```
public class Nebenläufigkeit {

    public static final ConnectionPool connectionPool_1 = new ConnectionPool();

    public static void main(String[] args) throws ParseException {
```

Abbildung 11: Initialisierung eines ConnectionPool-Objekts in der *main()*[43]

3.3.2 Vor- und Nachteile

Kontrollierte Datenbankverbindungen unter der Verwendung von Connection Pools bringen zahlreiche Vorteile mit sich. Hierzu zählt gleich der Verwendung von Thread Pools eine effektivere Nutzung der vorhandenen Ressourcen. Da die Datenbankverbindung über die Ausführung eines SQL-Statements hinaus bestehen bleibt wird die Rechenzeit des ressourcenintensiven Verbindungsaufbaus, beziehungsweise -abbaus, eingespart. Weiterhin kann die Anwendung durch die Festlegung der maximalen Datenbankverbindungen auf eine größere Anzahl an Verbindungen skaliert und zudem vor Überlastungen geschützt werden. Beide ressourcenbezogenen Vorteile führen unmittelbar zu einer Leistungssteigerung des Gesamtsystems. Auf der Gegenseite kann ein Connection Pool auch zu Nachteilen führen. Dazu zählen vor allem die Lebensdauer und Aktivität von Datenbankverbindungen. Bleiben Datenbankverbindungen zu lange offen kann es zu Kommunikationsblockaden in der Anwendung und folglich beträchtlichen Verzögerungen kommen. Außerdem erfordert die Verwendung eines Connection Pools je nach Granularität einen bestimmten Konfigurationsaufwand, welcher zugleich mit dem Risiko einer Fehlkonfiguration einher geht. Zuletzt ist anzuführen, dass sich die Komplexität der gesamten Anwendung deutlich erhöht.

3.4 Verbesserungsmöglichkeiten hinsichtlich der Umsetzung

Bei anschließender Betrachtung der praktischen Umsetzung der Datenbankanwendung eröffnen sich verschiedene Möglichkeiten zur Verbesserung der bestehenden Funktionalitäten. In Hinsicht auf den Thread-Pool sollte primär eine Optimierung der Parameter bezüglich der Nutzung der importierten Klassen *Executors* und *ExecutorService* und somit erzeugten Thread-Pool-Objekte nach einer bestimmten Laufzeit der Anwendung erfolgen. Unter Betrachtung der Performance können im Rahmen der Initialisierung des Thread-Pools Variablen zur Anpassung der Warteschlangenkapazität, Keep-Alive-Zeitpunkten und Ablehnungsrichtlinien gesetzt werden. Weiter-

---

[43] Screenshot: Apache NetBeans IDE

15

hin kann zur Fehlerminimierung die von Java zur Verfügung gestellte *synchronized*-Methode verwendet werden, damit parallel ausgeführte Threads nicht zeitgleich auf gleiche Programmabschnitte und somit Hardwareressourcen zugreifen können.[44]

Auch beim Connection Pooling können weitere Verbesserungen erzielt werden. Hierzu zählt unter anderem die Validierung bestehender Verbindungen aus dem Connection Pool durch die Verwendung eines Pings. Falls ein negatives Ergebnis zurückgeliefert wird kann die Verbindung früher in den Pool zurückgenommen und somit schneller Ressourcen für weitere Anfragen frei gemacht werden. Eine weitere Möglichkeit zur Leistungssteigerung stellt die Abwägung der notwendigen Anzahl an Verbindungen im Connection Pool dar. Zur Ermittlung der optimalen Menge können sogenannte „load test scripts" zur Hand genommen werden, wessen Ergebnisse als Einstiegspunkt fungieren können. Im Nachhinein sollte jedoch eine praktische Validierung der Performance erfolgen.[45]

4 Schluss

4.1 Zusammenfassung

Das Ziel des vorliegenden Assignments bestand darin die Grundlagen der Nebenläufigkeit in Java zu erläutern und dessen Relevanz in der Bewältigung komplexer softwaretechnischer Problemstellungen aufzuzeigen. Die daraus abgeleiteten Modalziele waren die Definition und Abgrenzung von Threads zu einem Prozess und dessen Einsatz in Java, sowie die Gegenüberstellung der Vor- und Nachteile der Verwendung von Nebenläufigkeit im Rahmen von zwei praktischen Anwendungsfällen. Zusammenfassend hat sich aus der Arbeit ergeben, dass das Vorhaben unter Einbeziehung der Grundlagen erfolgreich durchgeführt und die Relevanz der Nebenläufigkeit in Java Anwendungen verdeutlicht werden konnte. Hinsichtlich der Verbesserungsmöglichkeiten zur Umsetzung der Nebenläufigkeit konnten wesentliche Vorschläge angeführt werden.

Zuerst wurden die Grundlagen hinsichtlich der objektorientierten Programmierung und der Programmiersprache Java und erläutert. Im Anschluss daran wurden die Begriffe Prozess, Thread und deren Unterschiede, sowie Nebenläufigkeit und Threads in Java, unter Erläuterung der zugehörigen Theorie dargestellt. Auf wesentliche Merkmale von Threads wurde dabei eingegangen.

---

[44] vgl. Oracle (o.J.), Onlinequelle
[45] vgl. MySQL (o.J.), Onlinequelle

Nach der Darstellung der theoretischen Grundlagen fand die Umsetzung der Datenbankanwendung unter Verwendung von Threads in Java statt. Hierfür wurden die Datenbankumgebung vorgestellt und zwei praktische Anwendungsfälle beschrieben. Bezüglich letzterem wurde jeweils die Implementierung und Gegenüberstellung von Vor- und Nachteilen beschrieben. Nachfolgend wurden Verbesserungsmöglichkeiten im Rahmen der Umsetzung angeführt. Die Hervorhebung der Bedeutung der Nebenläufigkeit zur Steigerung der Leistungsfähigkeit und Effizienz eines Programms hat somit stattgefunden.

4.2 Kritische Würdigung

Der begrenzte Umfang der vorliegenden Arbeit ist ausschlaggebend dafür gewesen, dass die Grundlagen und Relevanz der Nebenläufigkeit zwar umfassend anhand eines Anwendungsbeispiels dargestellt werden konnte, jedoch hinsichtlich des Detaillierungsgrad im Rahmen der Ausarbeitung noch Verbesserungsmöglichkeiten bestehen. Die Erreichung der Zielsetzung der vorliegenden Arbeit wurde dadurch nicht beeinträchtigt und das definierte Ergebnis konnte erreicht werden.

Insbesondere im Rahmen der Datenbankumgebung gibt es Steigerungspotential. Da die verwendete Datenbankumgebung lediglich eine konstante Menge an statischen Testdaten beinhaltet, kann die Dynamik realer Anwendungsfälle nur bedingt nachgestellt werden. Infolgedessen ist eine adäquate Messung der systemischen Leistungsfähigkeit, welche ein maßgeblicher Faktor der Nebenläufigkeit ist, verzerrt, da reale Daten in der Regel weitaus umfangreicher und komplexer strukturiert sind.

Des Weiteren erfolgte der Zugriff auf die Datenbank bei der Umsetzung des Thread-Pools und Connection Pools durch eine einzige Java Testumgebung. Der simultane Zugriff aus mehreren Quellen, welche meist verschiedene Schnittstellen verwenden, stellt dabei eine realistischere Vorgehensweise mit praxisnäherem Charakter dar. Infolgedessen werden weitere Optimierungsmöglichkeiten geschaffen und das Risiko eines nachteilhaften Einsatzes der Nebenläufigkeit minimiert.

Literaturverzeichnis

Abts, Dietmar (2020): Grundkurs JAVA – Von den Grundlagen bis zu Datenbank- und Netzanwendungen (E-Book: pdf-Dokument), 11. aktualisierte und überarbeitete Auflage, Wiesbaden.

Abts, Dietmar (2022): Masterkurs Client/Server-Programmierung mit Java – Anwendungen entwickeln mit Standard-Technologien (E-Book: pdf-Dokument), 6. Auflage, Wiesbaden.

Baun, Christian (2022): Betriebssysteme kompakt – Grundlagen, Hardware, Speicher, Daten und Dateien, Prozesse und Kommunikation, Virtualisierung (E-Book: pdf-Dokument), 3. Auflage, Berlin.

Bengel, Günther/Baun, Christian/Kunze, Marcel/Stucky, Karl-Uwe (2015): Masterkurs Parallele und Verteilte Systeme – Grundlagen und Programmierung von Multicore-Prozessoren, Multiprozessoren, Cluster, Grid und Cloud (E-Book: pdf-Dokument), 2. erweiterte und aktualisierte Auflage, Wiesbaden.

Brause, Rüdiger (2017): Betriebssysteme – Grundlagen und Konzepte (E-Book: pdf-Dokument), 4. erweiterte Auflage, Berlin.

Broy, Manfred (2023): Logische und Methodische Grundlagen der Entwicklung verteilter Systeme – Unter Mitarbeit von Alexander Malkis (E-Book: pdf-Dokument), Berlin.

Ernst, Hartmut/Schmidt, Jochen/Beneken, Gerd (2020): Grundkurs Informatik – Grundlagen und Konzepte für die erfolgreiche IT-Praxis - Eine umfassende, praxisorientierte Einführung (E-Book: pdf-Dokument), 7. erweiterte und aktualisierte Auflage, Wiesbaden.

Gehring, Hermann/Gabriel, Roland (2022): Wirtschaftsinformatik (E-Book: pdf-Dokument), Wiesbaden.

Goll, Joachim/Heinisch, Cornelia (2016): Java als erste Programmiersprache – Grundkurs für Hochschulen (E-Book: pdf-Dokument), 8. überarbeitete Auflage, Wiesbaden.

Kaufmann, Michael/Meier, Andreas (2023): SQL- & NoSQL-Datenbanken (E-Book: pdf-Dokument), 9. erweiterte und aktualisierte Auflage, Berlin.

Keller, Hubert B. (2019): Entwicklung von Echtzeitsystemen – Einführung in die Entwicklung zuverlässiger softwarebasierter Funktionen unter Echtzeitbedingungen (E-Book: pdf-Dokument), Wiesbaden.

Kleuker, Stephan (2016): Grundkurs Datenbankentwicklung – Von der Anforderungsanalyse zur komplexen Datenbankanfrage (E-Book: pdf-Dokument), 4. Auflage, Wiesbaden.

Küppers, Bastian (2022): Einführung in die Informatik – Theoretische und praktische Grundlagen (E-Book: pdf-Dokument), Wiesbaden.

Mandl, Peter (2020): Grundkurs Betriebssysteme – Architekturen, Betriebsmittelverwaltung, Synchronisation, Prozesskommunikation, Virtualisierung (E-Book: pdf-Dokument), 5. aktualisierte Auflage, Wiesbaden.

Müller, Heinrich/Weichert, Frank (2023): Vorkurs Informatik – Der Einstieg ins Informatikstudium (E-Book: pdf-Dokument), 6. Auflage, Wiesbaden.

Müller-Hofmann, Frank/Hiller, Martin/Wanner, Gerhard (2015): Programmierung von verteilten Systemen und Webanwendungen mit Java EE – Erste Schritte in der Java Enterprise Edition (E-Book: pdf-Dokument), Wiesbaden.

MySQL (Hrsg.) (o.J.): Chapter 8 Connection Pooling with Connector/J, https://dev.mysql.com/doc/connector-j/en/connector-j-usagenotes-j2ee-concepts-connection-pooling.html (Zugriff am 29.11.2023).

Oracle (Hrsg.) (o.J.): Class ThreadPoolExecutor, https://docs.oracle.com/javase/8/docs/api/java/util/concurrent/ThreadPoolExecutor.html (Zugriff am 29.11.2023).

o.V. (o.J.), https://netbeans.apache.org/ (Zugriff am 22.11.2023).

Schicker, Edwin (2017): Datenbanken und SQL – Eine praxisorientierte Einführung mit Anwendungen in Oracle, SQL Server und MySQL (E-Book: pdf-Dokument), 5. aktualisierte und erweiterte Auflage, Wiesbaden.

Statista (2023), https://www-statista-com.gw.akad-d.de/statistics/869092/worldwide-software-developer-survey-languages-used/ (Zugriff am 20.10.2023).

Steyer, Ralph (2022): Einführung in JavaFX/OpenJFX – Moderne GUIs für RIAs und Java-Applikationen (E-Book: pdf-Dokument), 2. Auflage, Wiesbaden.

Wagenknecht, Christian (2016): Programmierparadigmen – Eine Einführung auf der Grundlage von Racket (E-Book: pdf-Dokument), 2. vollständig überarbeitete Auflage, Wiesbaden.

Wagenpfeil, Stefan (2023): Moderne Software-Entwicklung mit Java und JEE – Ein praxisorientiertes Lehrbuch für effiziente Programmierung (E-Book: pdf-Dokument), Berlin.

BEI GRIN MACHT SICH IHR WISSEN BEZAHLT

- Wir veröffentlichen Ihre Hausarbeit,
  Bachelor- und Masterarbeit

- Ihr eigenes eBook und Buch -
  weltweit in allen wichtigen Shops

- Verdienen Sie an jedem Verkauf

**Jetzt bei www.GRIN.com hochladen
und kostenlos publizieren**